그리운 악마

문예바다 서정시선집 1

그리운 악마

이수익

문예바다

| 시인의 말 |

절정!
그곳으로 가는 길은 험난하다.
떨어져 죽기 위해 가는 길이다.
나는
그곳으로 가는 길을 선택했다.

2021년 봄
이수익

차례 | 그리운 악마

시인의 말   5

제1부
봄날에   12
차라리 눈부신 슬픔   13
어린 나뭇잎에게   14
장작 패기   16
그리운 악마   18
우물 긷기   20
야간열차   22
안개꽃   24
토르소   26
새   27
호롱   28
빈 컵의 노래   31
결빙의 아버지   32
관능   34

나에겐 병이 있었노라	35
절정	36
우울한 샹송	38
유등제	40
그리고 너를 위하여	42

제2부

유쾌한 풍경	44
검은 비닐봉지	46
환희를 넘어	48
돌멩이 하나	50
승천	52
꽃나무 아래의 키스	54
고압선	55
죽어도 좋아	56
숲을 바라보며	57
밥보다 더 큰 슬픔	58
불침번	59
겨울, 저 연못	60
흙의 심장	62

잘 가라, 안녕	64
달빛 체질	66
또 다른 생각	68
빙하의 표정	70
이륙	72

제3부

벼랑 끝에 잠들다	74
잠시 지나가는	76
짐	78
생존	80
건축학 개론	82
견고한 뼈	84
핏자국	86
골목길	87
악어의 시	88
오라, 겨울이여	90
차디찬 손	92
한파	94
불가사리	96

난장판	98
움직이는 사막	100
절교	103
악령을 위하여	104
자두, 굴러가는 생각	106
말	108
이따위, 라고 말하는 것들에게도	109

서정抒情을 향하다 • 더 높이 날기 위하여   111

제1부

봄날에

봄에는
혼자서는 외롭다, 둘이라야 한다, 혹은
둘 이상이라야 한다.

물은 물끼리 흐르고
꽃은 꽃끼리 피어나고
하늘에 구름은 구름끼리 흐르는데

자꾸만 부푸는 피를 안고
혼자서 어떻게 사나, 이 찬란한 봄날
가슴이 터져서 어떻게 사나.

그대는 물 건너
아득한 섬으로만 떠 있는데……

차라리 눈부신 슬픔

신神은
이 아름다운 며칠을
우리에게 주셨다.

생애의 절정을 온몸으로 태우며
떨기떨기 피어오른 하얀 목련
꽃잎들, 차라리 눈부신 슬픔으로 밀려드는
봄날!

나머지 길고 지루한 날들 열려 있어
이 황홀한 재앙의 시간도
차츰 잊으리.

어린 나뭇잎에게

4월의
나무의 잎은 연초록
어린 천사들의
손가락

아직
채 날개가 돋지 않아
비상을 알기에는 이른 철

젊은 모체에 매달려
태양의 젖꼭지를 빨며
조금씩 발돋움을 세워 보는
저
4월의 잎들은

하늘이 얼마나 높은 절망인 줄도 모르면서

하늘이 얼마나 까마득하게 곤두박질쳐야 할 바닥,
바닥인 줄도 모르면서

장작 패기

장작을 팬다,
야성의 힘을 고눈 도끼날이 공중에서
번쩍
포물선으로 떨어지자
부드러운 목질木質에는 성난 짐승의 잇자국이 물리고
하얗게 뿜어 나오는 나무의 피와
향기,
온 뜰에 가득하다.

물어라,
이빨이 아니면 잇몸으로라도
저 쐐기처럼 박히는 금속의 자만自慢을
물고서 놓지 말아라,
도끼날이 찍은 생목生木은 엇갈린 결로써 스크램을 짜며
한사코 뿌리치기를 거부하지만

땀을 흘리며 숨을 몰아쉬며 도끼날을 뽑아 가는
사내의 노여움을 어쩔 수 없다.

 쿵, 쿵,
울리는 처형處刑의 뜰 모서리를
지우듯 덮어 오는 하오의
그늘.

그리운 악마

숨겨 둔 정부 하나
있으면 좋겠다
몰래 나 홀로 찾아드는
외진 골목길 끝, 그 집
불 밝은 창문
그리고 우리 둘 사이
숨 막히는 암호 하나 가졌으면 좋겠다

아무도 눈치 못 챌
비밀 사랑,
둘만이 나눠 마시는 죄의 다디단
축배 끝에
싱그러운 젊은 심장의 피가 뛴다면!

찾아가는 발길의 고통스런 기쁨이

만나면 곧 헤어져야 할 아픔으로
끝내 우리
침묵해야 할지라도

숨겨 둔 정부 하나
있으면 좋겠다
머언 기다림이 하루 종일 전류처럼 흘러
끝없이 나를 충전시키는 여자,
그
악마 같은 여자

우물 긷기

시골에 와서
오랜만에 우물을 긷는다.

자, 그만 떠나라. 내 손이 풀어 준
두레박이 몇 길 어둠을 따라 낙하하는 동안
나도 즐겁게 줄을 따라 뛰어들었다.

(첨벙!)
잠시 후 탄탄한 물의 살갗을 퉁기는
소리의 반향이 울려오고
하얗게 번쩍이는 물의 비늘들이 어둠을 안고 굽이치자
전신에 생기를 띤 우물은
두레박과 하나가 되며 몸을 섞었다.

물은 두레박을 먹고
두레박은 물을 먹고

그리고 두레박이 소리 없이 물 밑으로 흘러들어 가자,

나는 서늘한 감촉을 흡수하는 한 마리 가을벌레처럼
푸르고 싱그럽게
몸을 떨었다.

야간열차

침목이 흔들리는 진동을 머얼리서
차츰
가까이
받으면서,
들판은 일어나 옷을 벗고 그 자리에 드러누웠다.

뜨거운 열기를 뿜으며
어둠의 급소를 찌르면서 육박해 오는
상행선
야간열차.

주위는 온통 절교絶交한 침묵과
암흑의
바다였다.

드디어 한 가닥 전류와 같은 관통이

풀어헤친 들판의 나신을 꿰뚫고 지나가는 동안
황홀해진 들판은 온몸을 떨면서
다만 신음할 뿐인,
오르가슴에
그 최후의 눈마저 뜨고 있더니.

열차가 지나고,
다시 그 자리에 소름끼치는 두 시의 고요가
몰려들기 시작할 무렵엔
이미 인사불성의 혼수에 빠져 있었다.

안개꽃

불면 꺼질 듯
꺼져서는 다시 피어날 듯
안개처럼 자욱이 서려 있는
꽃.

하나로는 제 모습을 떠올릴 수 없는
무엇이라 이름을 붙일 수도 없는
그런 막연한 안타까움으로 빛깔 진
초연의
꽃.

무더기로
무더기로 어우러져야만 비로소 형상이 되어
설레는 느낌이 되어 다가오는 그것은

아,

우리 처음 만나던 날 가슴에 피어오르던
바로 그
꽃!

토르소

모가지도 잘라야 한다.
두 팔도 잘라야 한다.
남아 있는 흉상으로 더욱 절실한
언어를 만들기 위하여
무서운 단죄를 내려야 한다.
파멸의 구도로 이루어질 뿐인
토르소,
차라리 상실이 아름다운.

새

한 마리의 새가
공중을 높이 날기 위해서는
바람 속에 부대끼며 뿌려야 할
수많은 열량들이 그 가슴에
늘 충전되어 있지 않으면 안 된다.
보라, 나뭇가지 위에 앉은 새들은
노래로써 그들의 평화를 구가하지만
그 조그만 몸의 내부의 장기들은
모터처럼 계속 움직이면서
순간의 비상이륙非常離陸을 대비하고 있어야 한다.
오, 하얀 달걀처럼 따스한 네 몸이 품어야 하는
깃털 속의 슬픈 두근거림이여.

호롱

골동품 가게에서
옛날을 생각하며 호롱을 하나 샀다
어느 초가의 안방이나 사랑채
한 모서리에
밤마다 소중이 모셔졌을 이 빛의 도구를
국수 한 그릇 값으로 나는 가져왔다

지금은 쓸모없는 퇴기退妓처럼 버려진
골동 중에서도
대접이 서자 같은
이 고전의 기물을 바라보면서
그래도 마음 한가운데 보드라운
희열의 물살이 이는 것은

아, 누군가
가물대는 이 호롱의 불빛을 이마에 쓰고

터진 식구들의 옷가지를 땀땀이 기웠을
그런 아낙과
이 호롱 아래서 조용히 책장 넘기며
불빛 따라 희미한 새벽의 여명 속으로 건너갔을
한 꿈의 소년과
이 호롱의 불빛으로 잠 못 이루는 해수의 밤을
혼령처럼 앉아 지샜을 그런 노인과
이 호롱 아래서 잠든 아이들 얼굴 지켜보며
나직이 두런대던 근심 어린 대화의
한 부부와
이 호롱의 불빛에 부끄럼과 갈증을 느끼며
칠흑 어둠 속으로 자지러들던 초야의
한 신혼과……

아, 어쩌면 그들은 내 부모였고
할머니 할아버지 또는 증조부모
아니면 내 이웃들의 선친이었을 그런 가까운 사람들의
그립고 눈물겹고 간절한 사연들을

호롱,

이 침묵의 유물은
가만히 품고 있기 때문이다

빈 컵의 노래

죽고 싶어요 그대 실수로
돌이킬 수 없는 멸망으로 내가 부서져서
혼란한 그대 눈빛과 당황하는
아픔의 황홀한 그 심장 위에
파편으로 남고 싶어요
오세요 나는 밤에도
늪처럼 깜깜한 밤에도 이렇게 서서
죽음의 갈증으로 비어 있는 온몸으로
노래 불러요 뜨거운 파멸이 아무쪼록
날 찾아오시기를

결빙의 아버지

어머님,
제 예닐곱 살 적 겨울은
목조 적산가옥 이층 다다미방의
벌거숭이 유리창 깨질 듯 울어 대는 외풍 탓으로
한없이 추웠지요, 밤마다 나는 벌벌 떨면서
아버지 가랑이 사이로 시린 발을 밀어 넣고
그 가슴팍에 벌레처럼 파고들어 얼굴을 묻은 채
겨우 잠이 들곤 했었지요.
요즈음도 추운 밤이면
곁에서 잠든 아이들 이불깃을 덮어 주며
늘 그런 기억으로 마음이 아프고,
나를 품어 주던 그 가슴이 이제는 한 줌 뼛가루로 삭아
붉은 흙에 자취 없이 뒤섞여 있음을 생각하면
옛날처럼 나는 다시 아버지 곁에 눕고 싶습니다.
그런데 어머님,
오늘은 영하의 한강교를 지나면서 문득

나를 품에 안고 추위를 막아 주던
예닐곱 살 적 그 겨울밤의 아버지가
이승의 물로 화신해 있음을 보았습니다.
품 안에 부드럽고 여린 물살은 무사히 흘러
바다로 가라고,
꽝꽝 얼어붙은 잔등으로 혹한을 막으며
하얗게 얼음으로 엎드려 있던 아버지,
아버지, 아버지…….

관능

떨어져 썩는 것이
어찌 마른 열매나 풀잎뿐이랴
바람 한 점 없는 숲에 고요마저
무겁게 떨어져 썩는 이 오후 산간,
붉은 뱀의 혀와 혀의 다디단 입맞춤만
고통으로 풀섶을 이글거려라

나에겐 병이 있었노라

강물은 흐를수록 고요하고
그리움은 짙을수록 말을 잃는 것

다만 눈으로 말하고
돌아서면 홀로 입술 부르트는
연모의 질긴 뿌리 쑥물처럼 쓰디쓴 사랑의
이
지병을

아는가,
그대 머언 사랑아

절정

아름다움은
늘
우수이다
아름다울수록 그것은 더욱 슬픈 빛
외로운 형상
눈물겨운 침묵으로
위태롭게 제 스스로를 견딘다

언젠가는 무너져 가야 할 역사의 문전에서
지금 눈부시게 빛을 뿜어 올리는
저 황홀한 넋의
배후에
우수는 울음처럼 짙게 심연을 흔든다

사랑이여,
참으로 눈물 나고 가슴 아픈 사랑이여

우리 어찌
이 절정을 견디어 내리

우울한 샹송

우체국에 가면
잃어버린 사랑을 찾을 수 있을까
그곳에서 발견한 내 사랑의
풀잎 되어 젖어 있는
비애를
지금은 혼미하여 내가 찾는다면
사랑은 또 처음의 의상으로
돌아올까

우체국에 오는 사람들은
가슴에 꽃을 달고 오는데
그 꽃들은 바람에
얼굴이 터져 웃고 있는데
어쩌면 나도 웃고 싶은 것일까
얼굴을 다치면서라도 소리 내어
나도 웃고 싶은 것일까

사람들은
그리움을 가득 담은 편지 위에
애정의 핀을 꽂고 돌아들 간다
그때 그들 머리 위에서는
꽃불처럼 밝은 빛이 잠시
어리는데
그것은 저려 오는 내 발등 위에
행복에 찬 글씨를 써서 보이는데
나는 자꾸만 어두워져서
읽질 못하고,

우체국에 가면
잃어버린 사랑을 찾을 수 있을까
그곳에서 발견한 내 사랑의
기진한 발걸음이 다시
도어를 노크
하면,
그때 나는 어떤 미소를 띠어
돌아온 사랑을 맞이할까

유등제

유등제를 한번 보고 싶다.
해 저문 강가로 나아가
머나먼 행렬을 이루면서 밝은 연등 불빛 흘러가는
그 조용한 눈물의 제의를
보고 싶다.

나도 함께 따라갈 수 있다면
얼마나 더 좋으랴.
세상의 온갖 설움을 푼 몸이 두둥실
물 위에 떠서
한 줌씩 불빛 던지며 어둠을 헤치고 흘러가면
마침내 닿을 그곳이 불귀의 하늘이어도
나는 좋으리.

길가엔
깨끗이 옷을 차려입은 사람들

멀어져 가는 점점의 등불을 바라보며
차마 돌아서지 못하는 발걸음, 섰던 자리에 묶여
두 손 모아 간절히 비나니
부디 저 길이 극락에 이르소서.

유등제를 한번 보고 싶다.
해 저문 강가로 나아가
수천, 수만 개의 연꽃 등불 밤하늘 별빛인 양
물 위에 떠서
아득히 행렬을 이루면서 어둠 속으로 흘러가는
그 눈물 글썽이는 축복의 제의를
나는
보고 싶다.

그리고 너를 위하여

타오르는 한 자루 촛불 속에는
내 사랑의 몸짓들이 들어 있다
오로지 한 사람만을 위하여
끓어오르는 백열白熱의 침묵 속에 올리는 기도,
벅찬 환희로 펄럭이는
가눌 길 없는 육체의 황홀한 춤,
오오 가득한 비애와 한숨으로 얼룩지는
눈물,
그리고 너를 위하여
조금씩 줄어드는 내 목숨의 길이

제2부

유쾌한 풍경

작은 햇살에도 나서지 못하는
서투른
시골아이들처럼
아직도 주위에 파헤쳐진 황토흙
겸연쩍게 얼굴 붉히고 있는
변두리 서민아파트 단지에는

층마다 베란다로 나와 따뜻이 햇살 쬐는
그들 권속의 옷가지들, 모처럼 때를 벗긴
홀가분한 기분의
나들이들.

(싱싱한 우리들의 슬픔을 보세요.
싱싱한 우리들의 기쁨을 보세요.
비누거품으로 빨아도 빨아낼 수 없는
싱싱한 우리들의 가난을 보세요.)

옷가지들은 펄럭이면서
바람하고 말한다.
옷가지들은 펄럭이면서
태양하고 말한다.
옷가지들은 펄럭이면서
펄럭이면서, 저희들끼리 말한다.

검은 비닐봉지

나는 붕붕,
떠다니고 싶다
실없이, 고독하고
우아하게
바람에 불려서 마구
흩날리고 싶다
구겨지고 싶다
퍼덕이는 나의 패션을 무엇이라고
부를까
자유를 위한 고백, 영광스러운 일탈,
끝없는 방황을 찾아서
그런 모험으로
나는 하늘을 향하여 구김살처럼
엉클어지고 싶다
휘날리고 싶다
나는 붕붕,

떠다니는 검은 비닐봉지
때로는 무국적자라는 이름으로
나를 불러 다오
나를 잊어 다오

환희를 넘어

강물이 몸을 부풀리며
내 곁으로 다가온다.
그의 설레는 손을 나는
잡아야 하리
그의 환희의 몸짓을 떨면서
껴안아야 하리.
강물이
거듭 내 곁으로 밀려온다.
무슨 할 말이라도 있는 듯
그런 표정으로
그런 눈빛으로
자꾸만 나에게 다가온다.
나도 강물 앞으로 성큼
걸어서 가리.
가다가 멈칫 강물 속에 빠져 있는
둥글고 희디흰 나의

발목을 보라.
강물과 금세 하나가 되어 있는
넘쳐서 펄럭이는 나를 보라.
웃음 짓는 강물 속에
둥긋이 떠 있는
둘만의 황홀감, 그 자체,
엑스터시여.

돌멩이 하나

슬픔에 깊숙이
얼굴을
기댄

죽음과는 밀교처럼 성스럽게
하나만을
이룬

최후의 얼굴이
바로
이것이라는 듯,
살과 뼈가 고스란히 맞붙어 있는

절대의
벽!
절대의

고독!

그리고
절대의
침묵!

저 불붙은
돌멩이
하나

승천昇天

내 목소리가
저 물소리의 벽을 깨고 나아가
하늘로 힘껏 솟구쳐 올라야만 한다.

소리로써 마침내 소리를 이기려고
가인歌人은
심산유곡 폭포수 아래에서 날마다
목청에 핏물 어리도록 발성을 연습하지만,

열 길 높이에서 떨어지는 물줄기는
쉽게 그의 목소리를 덮쳐
계곡을 가득 물소리 하나로만 채워 버린다.

그래도 그는 날이면 날마다
산에 올라
제 목소리가 물소리를 뛰어넘기를 수없이 기도企圖하

지만,

  한 번도 자세를 흩뜨리지 않는
폭포는
준엄한 스승처럼 곧추앉아
수직의 말씀만 내리실 뿐이다.

  끝내
절망의 유복자를 안고 하산한 그가
  발길 닿는 대로 정처 없이 마을과 마을을 흘러 다니면서
  소리의 승천昇天을 이루지 못한 제 한을 토해 냈을 때,

  그 핏빛 소리에 취한 사람들이
그를 일러
참으로 하늘이 내리신 소리꾼이라 하더라.

꽃나무 아래의 키스

더 멀리
떠나 왔나 보다
밀교密教의 단호한 문을 여러 겹 건너
비바람과 눈보라 사이를 숨차게 헤쳐
바위처럼 금 간 상처 내려다보며
그래도 두렵지 않다, 두렵지 않다, 서로
위로하면서
몇 백 날을 그렇게 달려왔지
은닉한 쾌감에 메마른 주둥이를 대고 싶어
피 흐르는 육체의 윤곽을 덮어 지우면서
저 감옥 속으로,
감옥 속으로

고압선

뜨거운 불이 흘러간다, 밤하늘로
푸른 독의 뱀이 달린다, 소리도 없이
(그대 있는 곳으로 가는 외길
누구도 가로막지 마세요, 저를 건드렸다간
금방 타서 죽을 거예요)
불꽃으로 질주하는 눈먼
치정

죽어도 좋아

두근거린다, 지붕과 지붕이 함께 솟아오르며

미칠 듯이 초록의 평원 위에다 새들을 풀어 주면서

죽어도 좋아! 기쁨과 환락을 마음껏 들이키는

이 위험한 자유,

치명적 언약,

최초의 봄날처럼 이렇게도 활짝 피어서 있는

두 사람의

한 몸

숲을 바라보며

내가 내 딸과 아들을 보면
그들이 늘 안심할 수 없는 자리에 놓여 있는
그런
내 딸과 아들이듯이,

나무가 그 아래 어린 나무를 굽어보고
산이 그 아래 낮은 산을 굽어보는 마음이 또한
애비가 자식을 바라보듯
그런 것일까.

문득 날짐승 한 마리 푸른 숲을 떨치고 솟아오를 때도
온 산이 조바심을 치며 두 팔 벌려
안으려고, 안으려고 한다.

밥보다 더 큰 슬픔

크나크게 슬픈 일을 당하고서도
굶지 못하고 때가 되면 밥을 먹어야 하는 일이,
슬픔일랑 잠시 밀쳐 두고 밥을 삼켜야 하는 일이,
그래도 살아야겠다고 밥을 씹어야 하는
저 생의 본능이,
상주에게도, 중환자에게도, 또는 그 가족에게도
밥덩이보다 더 큰 슬픔이 우리에게 어디 있느냐고

불침번

타워 크레인이
우뚝 서서 밤을 지키고
있다
물샐 틈 없는 공포의 얼음 위로
스치며 지나가는 야간경비원 눈빛이
번쩍인다
철근과 철근 사이, 콘크리트와 콘크리트 사이
무릎을 베고 누운 건장한 팔뚝의 사나이들이
이제 곤히 잠에 떨어졌을 밤,
타워 크레인이 지키고 있는
적막한 시간의
불침번

겨울, 저 연못

눈 감고 꽝꽝
입 막고 꽝꽝
귀 닫고 꽝꽝
연못 하나 소름 끼치게 얼었습니다

분노의 몸짓, 저항의 몸짓으로
하늘 향해 제 몸의 문을 닫았습니다

은빛 칼날 도륙하듯
번쩍이는
혹한 점령지,
죽음의 껍질만이 드문드문 흩날리는
불길한 고요의 습지, 엄동 들판에

연못 하나 팽팽하게 살아 있습니다
제 몸을 결박하며 살아 있습니다

주먹처럼 솟구칠 듯 살아 있습니다
죽자고 깨어질 듯 살아 있습니다

흙의 심장

흙은 살아 있다.
죽은 듯해 보이지만 흙은
시퍼렇게, 고스란히 살아 있다.
함부로 흙을 내팽개칠 일이 아니다.
흙의 부드러운 입술이 그렇게 말하고
또한 흙의 심장이 그렇게 말한다.
흙의 자존심과 흙의 대범함, 흙의 끈기가 우려내는
무한한 적막이
당당히 일어서서 그렇게 말한다.
죽은 듯 보이지만 흙은 아직도 늠름하게 살아 있어
빛나는 먼지처럼, 광채처럼 우뚝 서 있기를
기대하는 것이다.
더욱 한번 당신의 구둣발로 힘차게 흙을 짓눌러다오.
거친 밑바닥의 힘이 꾹꾹 누르면 누를수록
꿈틀거리는 흙의 지문과 맥박이 숨결처럼 피어나서
그 아픔처럼, 그 고통처럼 비장하게도 흙은 용솟음

치며
 이 땅에 새파란 새싹들을 피워 주게 될 것이다.
 바로 그 중심을 향하여 앞장서서
 당신의 체중을 밀고 나가라. 흙!
 무너지지 않는 이 땅
 최후의 보루.

잘 가라, 안녕

더럽게 물 묻은 옷을 껴입고서

저 사내, 꾸불텅거리는 손과 또는 발로써

숨죽일 듯 기타를 치고 있다네

마치 살아 있는 한 편의 죽음 같네

소리는 깊고도 가득하여 차마 움직일 수 없는 법

그만의 울음이 소용돌이쳐서 화음을 이루며

뼈아픈 고독과 불안을 읊조리고 있다네

어디 한번 씻어 보기라도 했는가 후미진 팬티 속

우울한 습기를 털어내려는 듯 기타의 선율을 짚으면서

저 사내, 오늘보다 더 푸른 내일을 노래하고 있다네

또는 내일보다 더 조그만 소망의 모레를

읽어 내고 있다네

끝없이 희미한 하루가 가고 있네

달빛 체질

내 조상은 뜨겁고 부신
태양 체질이 아니었다. 내 조상은
뒤란처럼 아늑하고
조용한
달의 숭배자였다.

그는 달빛 그림자를 밟고 뛰어놀았으며
밝은 달빛 머리에 받아 글을 읽고
자라서는, 먼 장터에서
달빛과 더불어 집으로 돌아왔다.

낮은
이 포근한 그리움
이 크나큰 기쁨과 만나는
힘겨운 과정일 뿐이었다.

일생이 달의 자장 속에
갇히기를 원했던 내 조상의 달빛 체질은
지금
내 몸 안에 피가 되어 돌고 있다.

밤하늘 떠오르는 달만 보면
괜히 가슴이 멍해져서
끝없이 야행의 길을 더듬고 싶은 나는
아, 그것이 모체의 태반처럼 멀리서도
나를 끌고 있다는 생각이 든다.
마치
보이지 않는 인력이 바닷물을 끌듯이.

또 다른 생각

뭉개지는 것도 방법이다.
세상을 사는 데에는
내가 각角을 지움으로써 너를 편안하게
해 줄 수도 있다. 선창에서
기름때 전 배들끼리 서로 부딪치듯이
부딪쳐서 조금 상하고 더러 얼룩도 생기듯이
그렇게, 내 침이 묻은 술잔을 네가 받아 마시듯이
네 숟가락 휘젓던 된장국물을 내가 마시듯이
그렇게,
서로 친밀해지는 것이다.
자, 자, 잔소리 그만하고 어서 술이나 마셔!
취한 기분에 붙들려 버럭 소리도 내지를 수 있는 것이다.
그렇지만,
그래서는 안 되는 시간도 참으로 필요하고
그래서는 안 되는 관계도 소중하다.

시퍼렇게 가슴에 날을 세우고
찌를 듯이 정신에 각을 일으켜
스스로 타인 절대출입금지 구역을 만들어 내는 일,
그리하여 이 세상을 배신하고 모반하는 일은
네게는 매우 소중한 덕목이다.
안락한 일상의 유혹을 침 뱉고 저주하라, 그대
불행의 작두를 타야 할 시인이여.

빙하의 표정

빙하는 제 몸이
녹을 사이에 벌써 얼고
얼 사이에 조금씩
몸을 푼다

수천 년을
그렇게 녹으면서 얼고
얼면서 녹느라
부지기수로 세월만 허송해 버린 것이다

그렇게 어찌어찌 세월을 놓쳐 버린 노인들이
관광버스를 타고 멀리서 찾아온
빙하의 협곡 얼음폭포 낭떠러지 아래에서
남은 생의 증빙서류처럼 기념사진을 찍는다

웃는 듯이

우는 듯이

이륙

캄캄히 멀어져 갈 때가 있었지
본인이 바라든, 바라지 않든지, 어느 순간
기폭제처럼 떠올라 그 이름 환히 빛날 때가 있었지
또 다른 대륙을 향해 가득히 무릎 꿇고 빌어 보던
그 최초, 이륙의 시간
죽음처럼 피어오르던 유황불 타는 냄새 속으로
당신은 초고속 발진의 페달을 밟았던 거야
극소수의 사람만이 선택받은 레이스 위에 당신은
은빛 타오르는 융단의 구름을 밟고 서서, 끝없이
펼쳐진 녹색 산야와 푸른 바다, 강들을 음미하고 있었어
그것이 처음이었고
이젠 마지막이야, 마지막은
다소 우울하지만 그렇지만 지켜볼 만해
당신에게는 이륙이란 늘 처음 있는 일이니까

제3부

벼랑 끝에 잠들다

이젠 떠나가리, 믿고 약속했던 허망한 욕구여, 슬픔이여

나는 잠들어
저 높은 하늘 끝 벼랑 위에
편안한 휴식의 자리처럼 황홀하게도 부풀어 올라

안온하게 꿈꾼다
저녁별처럼 찬란하게 빛났던 저 어둠 한가운데에서
끝내 나는
백비白碑를 세우리

여름 지나면 가을, 가을 지나면 겨울,
그리고 봄,
나는 죽음에 길들지 않은 견고하고 투명한 입자가 되어

하늘에 섞일 것이다, 따로 또한
같이

너무나도 많은 빚 과분하게 져서
돌로 머리를 깨뜨려도 피처럼 살아 있을 평생의 죄
머얼리 구름에다 띄우고
나의 이력履歷 분분히 흩어져 갈 때

잘 가라, 믿고 약속했던
허망한 욕구여, 슬픔이여

그리고
새로움이여

잠시 지나가는

알아들을 수 없는
비명들이 울려 퍼졌다
귀신이 앞을 가로막고 선 듯
날카로운 속성의 끔찍한 징후들이 몇 초간
이어졌다

액자 속의 여자가 하얗게
웃었다

나는 그때서야 고개를 내밀고서
난간 저 아래로 구비치는 사람들의 물결을
바라보았다
검은 상복을 입은 무리들이 춤추며 노래하다가
서로서로 어울리는 모습들이
대낮 같았다

처음으로 꽃들이
물들면서
환히 피어났다
머무르지 않고서, 잠시 지나가는

짐

좀 떨어져서
지낼 필요가 있다
약간 떨어진 곳에서
바라보는, 숨 막히는 진실이 필요하다
내 입술과 그대 입술이 맞닿은
순간의
마비되는 설렘을 어쩌지 못하면서도 끝내 떨어질 수밖에 없는
그 사이,

사이에 우리가 놓여 있다
뜨거운 목마름으로 굶주린 듯 달려드는
비겁한, 야성적 본능만으로도 안 되는 비밀의
그 무엇이
있기에, 점차 우리 멀어져야만 하는 것일까
객관적으로 내가 너를

돌아다보지 않을 수 없게 만드는 그 무엇인가가 있어서
그대를 멀리 서서
끝없이
바라다보아야만 하는가

힘찬 동작 하나가 재빨리 나를 스쳐 지나간다
머무를 수 없는 그대, 너무나도 큰 짐이다

생존

악에 받친 듯이
독을 품고 커다랗게 입을 벌린 족속, 아귀
아귀는

죽여 달라는 것이다
아니, 살고 봐야겠다는 것이다

낚싯대에 걸려든
이 치욕스러운 순간이
허망하게 단 한 번 칼질에 쓰러져
버리기에는

너무,
너무나도 억울해!

 강한 이빨로 생존을 위하여 몸부림치고 있는

경골어류
한 마리가
하얗게 악을 쓰면서 소리치고 있다, 병원

중환자실
그 어느 자리에서인가
40대의 젊은 가장 한 사람이,

건축학 개론

무슨 도시가 그런가,
한때는 휘황한 축제가 연이여 며칠이고 열리던 거리였는데
그때는 무성한 초록 잎사귀가 으르렁거리며 숲을 이루고 있었는데, 그때는
저녁 하늘을 향하여 눈부시게 부서지던 폭죽이 찬란했었는데
그때는 술 취한 무리들이 떠들썩하게 웃음판을 이룬 채 지나갔었는데
무슨 도시가
그런가,

지금은 기물을 송두리째 압수당한 채 나올 수밖에 없는 빈한해진
골목과 쓰레기더미 더미가 수북이 깔린 회색의 블록 담과

천천히 낯선 걸음을 옮기는 허리 구부정한 노인들과 오랜 낡은
　집들이 쓰러져 갈 듯, 쓰러지지 않고 버티고 있는 풍경이 저리 위태롭기만 한데

　무슨 도시가
　그런가,
　아직 눈뜨지 않은 미명의 거리를 휩쓸며 쏘다니고 있는
　이 미친 야성의 고양이들과 뜨겁게도 불우한 나의 이웃들은

견고한 뼈

뼈는 강고하다
무기질이 뿜어내는 어둠의 자막이
깊고
현저하다

살들은
단 며칠 만에 해체되었다
떨어지지 않으려는 피의 응집력이 계속되었지만
뼈는
제 살들을 떨쳐내어 버렸다
울부짖음 속으로 흘러내리던 그 오랜 말들,
혹은
그런 기억들……

이제 뼈는
날카로운 각도로써

수식어를 필요로 하지 않는 냉정한 심판자처럼
우뚝
내 앞에 섰다

뼈의 결기는 한창 꼿꼿한데
나는 조금씩,
울음을 터뜨릴 것만 같다

핏자국

장미는
불꽃이다
펑, 터지는 화염의
중심부다
손 닿지 못할 욕망이 흘러내리는
너와
나의
앞가슴이다
6월, 붉은 장미가 피어 있는 골목길 담 위에는
어느 날 내가 한없이도 울면서 몸부림치던 그 사랑의
핏자국이
스미어 있다

골목길

네가 사라져 버린 좁은 그 골목에
일 년이 가도 십 년이 가도 변치 못할
기념비 같은 내 사랑,

혹
나타날까 봐

처연하게 온몸에 비를 맞으면서 기다리고 있는
이 마음

벙어리 같은, 치욕 같은, 몸부림 같은 내 사랑
그 골목길 끝에서
울고 있네

악어의 시詩

악어의

적敵 앞에서 부르르 떠는 흉물스러운 모습을

나는 닮았다

납빛 파충류의

핏물이 모여 거대한 울음과 격돌하는 순간을

나는 닮았다

등줄기가

푸른 소음으로 거칠게 경련하는 단말마의 고독을

나는 닮았다

나는 악어의

2억 5천만 년 전의 진화를 거부하면서, 다만

닮았다는 이 사실에 대하여 혼돈할 뿐이다

나는 인간이다

악어와는 닮지 않은 맨몸의 투혼으로

옹골찬 패기를 낭비하고 싶다

그런 시詩!

오라, 겨울이여

떨어져 내려라, 너희

잎새들이여

햇빛 속에 환히 비어 있는 나뭇가지의

조형미여

찬바람 눈보라 몰아쳐도 결코 젖지 않을

견고한 나무들

체격이여

아마 그때쯤, 땅 밑에서는

서서히 용암처럼 솟구쳐 오르게 될

뜨거운 피의

결집이여

겨울은

마침내 우리의 불굴의 투사들과 함께

지하에 벙커를 이루면서 붉디붉은 춤판을 벌릴 것이므로

오라, 겨울이여 거침없이

숨차게 오라!

침략군처럼 오라!

차디찬 손

보름달이 떴다

가닿을 수 없는 거리에

당신은 사라졌다

하늘 위에 보름달이 커다랗게 부풀어 가혹하게

나를

압박한다

나는 비명을 가득히 물고 쓰러진

천애의 고아

짐승처럼 울고 싶다, 미쳐서 울고 싶다, 억울해

울고 싶다, 가을 밤 허무하게 적시는 이 달빛

속에

주검처럼 희고 차디찬 손이 떠오른다

내가 만질 수 없는

적막한 시의

한 줄기

한파

시계탑 주위로
사람들이 모여서 서성거린다
말을 삼킨 사람들이 입을 봉한 채
수상하게 빛나는 칼을 숨기면서
뜻밖에 암살에 가담할 듯

몇몇이 모여서
다시 헤어지고
그리고 한데 모여서

전날 맺었던 침묵의 비밀결사의 약속을
깨뜨리고
새로운 판을 짜야겠다는 듯,
완전한 밀사의 어둠을 겹겹이 휘두른 채
촉각의 세력들이 수령 받았을 그 즈음

지지한 세력들이 몰려서
지나간다,
지나간다,
시계탑 주위를 엄호한 사람들 사이로

살얼음 같은 냉혹한 계절이 시작된다

아,
입이 떨어지지 않는 지옥의
강철 같은 한파가 몰아치고 있는 것이다

불가사리

항문이 솟아올랐다, 그리고
입은 바닥에 숨어 있다.
내가 싫어하는, 그리고 너도
싫어하는, 저 붉디붉은 괴물
불가사리.

험악하다, 입이 조개를 물 때
다섯 개의 팔이 오그라들면서 움직이지 못하도록
흡입하는 그 장면이
유독 징그럽게
떠오르는 것은

불가사리,
너의 붉은 가면에 숨겨진 치밀한 독기가
그만 나를 압도하기 때문이다.
울퉁불퉁한 껍판이 거북하게도 나를

위협하기 때문이다.
다가설 수없는 섬뜩함이 너에겐 있다.

치명적으로 붉게 타오르는
불가사리,
지금 내 마음의 어떤 부위를
갉아먹고 있는 거니?

난장판

아래로 뛰어내렸다 앞에서 누군가가 먼저 뛰어내렸기 때문에
그래서 나도 함께 뛰어내렸다 수직의 그 벼랑 아래로
힘차게 몸을 내던지면서 살아 있는 존재의 위엄을 드러내며
숨 가쁘게, 끓어오르는 욕망을 밀착시켰다

나는 지금 저 아래로 환희의 기폭처럼 펄럭이면서
조금 전 뛰어내린 몸들이 소리치며 환호하는 것에다 발맞추어
낭떠러지의 비명을 쏟아 내리라 속도는 더욱 가팔라지고
맨바닥 위의 성난 물거품들이 눈앞으로 우우우 몰려든다
거칠게 뿜어 대는 기운을 흡입하며
이제는 낙하의 시간으로 들어선 것이다

난장판!

물과 물이 서로 얼싸 껴안고서 소용돌이치면서 이룬
광란의 기둥들이 높이 솟아오르는
이 즐거운 소란의
극치여

움직이는 사막

모래는 부서져 내린 바위덩어리에서
사라진 황금의 시절을 희미하게나마 떠올릴 것이
아니라, 모래는 지금도 거룩하게 살아 있다는
그래서 펄펄 날아오르는 전신의 기백이 모래 벌에 가득 차게 흘러넘치는
무한질주의 쾌감으로 구비치고 있음을
한바탕
보여 주려는 듯이

사막은
살아서 대기층에 더 가까워지려는 듯 거대한 몸부림으로
꿈틀거린다. 보라, 어젯밤을 씻어 버린 듯 붉은 모래알들이
바람결을 따라 새로운 지평을 열며 끊임없이 소리친다. 우우우,

거칠게 성난 폭주처럼 밀려가고 밀려오는 바람들이 새로운 성을 쌓고
오래된 성을 무너뜨리는, 또 한 번의 변주가 순간을 위대하게 만든다.
거침없이 타오르는 불꽃들이 광야를 휘몰아치면서 기괴하게도
물들인다.

방울뱀들이 미끄러운 곡선을 그리며 모래 틈 속으로
사라졌다가, 놀란 듯이 붉고 흰 꽃으로 활짝 피어나고
커다랗게 부푼 유방과 허리, 엉덩이를 빼닮은 굴곡진 언덕들이
순간을 잠시나마 지배할 따름이다. 건조한 열풍과 기습적인 뇌우가
펄럭이는 사막에는 살 것은 살고, 또한
죽을 것은 죽는다.
엄숙한 신의 계시가 내려진 듯 낙타와 사보텐처럼 그렇게
치열한 생존경쟁이 너희에게는 있다.

오늘도 사막에는 숨찬 바람결이 새로운 지각을 만들면서 공중에다
모래폭포를 흩뿌린다.
또다시 붉은 모래들끼리의 사투는 현재진행형으로
끝없이 허물어지는 사구 속에 푸르게 눈뜨는, 빛나는 존재가 있다는 사실을
알게 되리라. 사막은 지금도 불타오르며
살아 있다.

절교

검은 돌 하나가
가슴에 와 박힌다
무슨 말을 하고 싶었던 것이냐, 바랄수록
일몰이 왼쪽 허리를 치며 아득히
드러눕는다
무욕의 쓸쓸함이 이리 냉정하게 거꾸로 내리박히는 순간
없도다, 아무것도 없도다, 정말 아무것도 없도다
나는 빈 방 하나로 남는다
쓸개처럼 남는다
당신은 창문 밖에서 물끄러미 방 안을 들여다보고 있지만
그러나
이미 너무 늦은 시간!
비소砒素를 삼키면서 내가 서 있다

악령을 위하여

촛불이 떠오르고 있다.
책 한 권이 찢어지고 있다.
마감이 지난, 쓰다 만 원고지가 방바닥에 엎드려 있다.
승진축하를 보내야 할 친구한테도 나의 미적거림은
벗어 버린 단추처럼 헐렁하게 남아, 게으르게
밤과 낮을 구분치 못하고 있다. 촛불이 꺼질 듯 꺼지지 않을 듯 거듭
회오리치고 있다. 그렇지만 나는 다시 한 번 일어서야지, 책 한 권을
불태우자고 던져 둔 그날의 마음을 돌아서서 숨 고르듯 들이키며
현란하게 글을 써 나가고자 한다.
환한 촛불 너머로 그날 내가 기록했던 비망록과 몇 개의 테마, 그리고
기괴한 망상들 몇몇이 구름처럼 떠오른다.
내가 나를 죽이기 위해서, 죽임으로써 살아나는 악령

의 부활을
 믿고 싶어서겠지. 오, 가득하게 부활할 악령! 대지에 가득 찰 너는
 나를 덮고 세기에 빛날 장엄한 한 편의 드라마를 구성해야겠지.
 힘차게, 나는 글을 써 나간다. 거꾸로 박힌 불구덩이에 새롭게 타오를
 에너지가 훨훨 몇 개의 연기로 휘날리면서, 내 눈을 태우고자 한다.
 나의 원고지는
 피를 부르는 듯 커다란 존재를 향하여 지금 끝없이 투쟁하고
 있다. 다시 책 한 권이 스스로 찢어지고 있다.

자두, 굴러가는 생각

　자두는 굴러서 식탁 모서리로 간다 여름날 채광이 환한
　빛살 속에서 자두는 굴러갈 방향을 궁리하는 듯, 잠시 멈춘다
　나의 손이 재빠르게 그 앞을 가로막는다 위험하게도 불안이
　폭발할 것처럼, 나와 자두의 거리는 한없이 좁다 식탁 모서리에
　어두운 위기가 밀려온다 그 사이를

　자두는 거리를 재고 있었던 것 같다 가야 할 거리가 얼마쯤인지,
　이렇게 멈추고 있는 자리에 검은 사제복을 입은 신부가 미소를 흘리면서
　걸어 나온다 나는 불룩해진 성욕을 짓누르며 겸손하게도 무릎을 꿇고

하늘을 향해 경배를 드린다 자두는 붉은 치욕을 한 모금씩 뱉어내면서
 나의 손아귀에 사로잡힌다 참을 수 없이, 나는

 위기를 조금씩 벗어나고 있는 것 같다 하루살이처럼 애끓는 마음으로
 무너져 내린 돌들을 옮겨 놓아야겠지 돌 위에 돌, 돌 밑에 돌, 돌 옆에 돌,
 돌들이 서로 섞이니깐 만만한 기분이 들어서 좋다 나도 이젠 흙이 되어
 돌들을 가득하게 품어 주는 따사로움이 될 거야 자두는 금세 쾌활한 빛깔을 띠면서
 물컹하게 내 입 안을 적신다 뜨거운 여름이 한껏 부풀어 오르면서

말

말이 죽었다, 간밤에
검고 슬픈 두 눈을 감아 버리고
노동의 뼈를 쓰러뜨리고
들리지 않는 엠마누엘의 성가 곁으로
조용히 그의 생애를
운반해 갔다
오늘 아침에는 비가 내린다
그를 덮은 아마포 위에
하늘에서 슬픈 전별이

이따위, 라고 말하는 것들에게도

물이 스미지 않을 적엔 스스럼없이
쉽게 떨어졌지만
그 몸에 물기가 점점 번져들자 종이 두 장을
마주 달아 붙여, 서로를 견인하게 되었다

축축해진 두 몸이 혼신으로 밀착하여
한 쪽을 떼어 내자면 또 다른 한 쪽이
사생결단,
먼저 자신을 찢어 놓으라는 것이다

이따위 종이쪽지에도 이별은
고통 없이는 없나 보다

서정抒情을 향하다

더 높이 날기 위하여

　모두 57편의 작품을 시선집 『그리운 악마』에 싣게 되었다. 내가 지금까지 발표한 800여 편 중에서 그래도 가장 좋다고 생각되는 것들을 골라 최종적으로 마무리를 지었다.

　서정시가 풍겨 주는 아름다움과 슬픔, 황홀, 고뇌, 또는 환상이 이 시집에 가득했으면 좋겠다.

　그리고 이 시집에는 내가 즐겨 사용하는 이미지의 견고한 위상이 그대로 살아 있기를 바라고, 정서와 관념이 또한 이를 뒷받침해 주는 역할을 기대한다.

　물론 시기에 따라 내가 선택하는 시상과 배열, 언어 등에서 차이가 생기지만 전체적으로 보면 '나의 시'는 바로 나의 시라는 소박한 결론에 이르게 된다.

제1부는 나의 서정적 빛깔이 한창 신록이었을 때 쓴 첫 시집 『우울한 상송』부터 여덟 번째 시집 『눈부신 마음으로 사랑했던』까지로 보면 될 것 같고, 제2부는 현실적 삶에 조심스럽게 발걸음을 내디딘 나의 아홉 번째 시집 『꽃나무 아래의 키스』에서부터 10집 『처음으로 사랑을 들었다』까지, 그리고 제3부는 비애와 고통으로 얼룩진 시절과 뜨겁게 화해하려는 11집 『천년의 강』부터 지금까지 써 온 작품들을 함께 추려 보았다.

내가 시단에 처음 나왔을 때 나는 언어에 대한 관심을 조금 가지고 있었지만 시가 어떻게 하여 형상화되는지, 사물과 인간과의 만남은 어떻게 이루어지는지 등 세밀한 체험과 분석이 없었다. 그래서 나의 서울신문 신춘문예 심사위원을 맡았던 박남수 선생의 이런 지적이 소중했다.

"이군, 언어에 대한 감각도 소중하지만 이미지에 대한 연구가 필요하지. 시를 더욱 풍성하게 쓰려면 말이야."

그래서 나의 두 번째 시집 『야간열차』에서 드러나듯 「봄에 앓는 병」, 「가을 언덕」, 「불꽃놀이」, 「갈대」 등의 작품에서는 이미지가 주류를 이루면서 시를 이끌어 갔다.

세 번째 시집 『슬픔의 핵』은 이미지와 정서, 그리고 관념이 서로 어울리면서 내 시의 주요한 흐름을 나타내었다.

> 장작을 팬다,
> 야성의 힘을 고눈 도끼날이 공중에서
> 번쩍
> 포물선으로 떨어지자
> 부드러운 목질에는 성난 짐승의 잇자국이 물리고
> 하얗게 뿜어 나오는 나무의 피와
> 향기,
> 온 뜰에 가득하다
>   ―「장작 패기」 1연

이러한 체험은 나의 아홉 번째 시집 『꽃나무 아래의

키스」에 이르러 시를 바라보는 시선, 사회적 경험과 가치, 다양성에 대한 욕구 등으로 한층 현실적 자각이 있는 세계를 표현했다.

「풍경을 읽다」, 「이따위, 라고 말하는 것들에게도」, 「어느 밤의 누이」, 「노예가 사는 법」 등에서 볼 수 있듯이, 시인은 일상에서 마주치게 되는 구체적 삶의 비극에 눈떠 있어야 하는 사실을 깨달을 수 있었다. 이것이 내 시의 발전이라면 발전일 수 있고, 또는 퇴행이라면 퇴행이라고 볼 수 있겠다. 어차피 나는 그렇게 변해야 하는 거니까.

내가 가끔씩 마주치는 골목시장에서 할머니는 다라이에 담긴 미꾸라지를 팔고 있었는데 이런 풍경 하나가 내 가슴에 와 박혀 시가 되었다. 마지막 부분을 소개하자면 이런 것이다.

할머니,
당신도 누군가의 손에서
일몰의 떨이로 나와 있지는 않은가요?

이제 나이가 들면서, 나는 서정시 속의 리얼리즘을 한

번 더 생각해 보게 되었다.
 리얼리즘이 가지는 투박한 질감 너머 우리가 부딪치고 껴안아야 할 그런 인간적 고뇌가 있기에 내 시는 때때로 저항하고, 몸부림치고 싶은 것이다.
 서정을 향하여!

1983년의 이수익 시인

그리운 악마

초판 1쇄 발행 | 2021년 7월 15일

지은이 | 이수익
발행인 | 장문정
발행처 | 문예바다
      등록번호 | 105-03-77241
      주소 | 서울 종로구 삼일대로 30길, 21(종로오피스텔) 611호
      전화 02) 744-2208
      메일 qmyes@naver.com

ⓒ 이수익, 2021. Printed in Seoul, Korea
ISBN 979-11-6115-133-5 (02810)

* 이 책의 판권은 지은이와 출판사에 있습니다.
  양측의 서면 동의 없는 무단복제를 금합니다.